PORTRAITS HISTORIQUES
Au dix-neuvième Siècle
2e SÉRIE.
17

M. BAROCHE

PAR

HIPPOLYTE CASTILLE
Auteur de la Seconde République (1848 à 1852)

AVEC PORTRAIT ET AUTOGRAPHE

Prix : 50 centimes

PARIS
E. DENTU, LIBRAIRE-ÉDITEUR
PALAIS-ROYAL, 13, GALERIE D'ORLÉANS
1859

E. Leguay sc. d'après une photographie de Disdéri. Gilquin et Dupain Imp. r. de la Calandre 19. Paris

M. BAROCHE

E. DENTU, Lib. Edit. Galerie d'Orléans. 13. Palais Royal

PORTRAITS HISTORIQUES
Au dix-neuvième siècle.
2e SÉRIE.
17

M. BAROCHE

PAR HIPPOLYTE CASTILLE.

PARIS
E. DENTU, LIBRAIRE-ÉDITEUR
PALAIS-ROYAL, GALERIE D'ORLÉANS, 13

1859

PARIS

IMPRIMERIE DE L. TINTERLIN ET Ce

RUE N[e]-DES-BONS-ENFANTS, 3.

M. BAROCHE

« Nous avons devancé la justice du peuple. »

(Paroles de M. BAROCHE à la Révolution de février.)

Sous le régime actuel, la position la plus enviable peut-être, pour un esprit pratique versé dans la connaissance des hommes, des affaires et des lois, et doué de la passion du travail, est celle de président du Conseil d'État. Sous le régime parlementaire, le rôle du Conseil d'État semble effacé par la Chambre des députés. L'éclat et le bruit de la tribune couvrent tout, et, quel que soit le mécanisme des pouvoirs, la tribune finit par en absorber l'autorité.

Lorsque, au contraire, le pouvoir exécutif, de quelque nom qu'on le nomme, domine le pouvoir législatif et le subordonne à son action, le Conseil d'État prend immédiatement le premier rôle. Il devient le point fixe vers lequel se tournent tous les regards. Son initiative est immense. Placé près du Souverain, sûr de l'assentiment des Chambres, il rayonne sur tout ce qu'il juge à propos d'entreprendre. La présidence d'un corps politique dans lequel se résume la science des matières d'État et l'initiative des projets de loi, est donc un poste exceptionnel, et, pour avoir été jugé digne d'y être élevé, il faut être évidemment un homme considérable par la science et par l'intelligence.

Le président actuel du Conseil d'État

est M. Baroche. La naissance et la fortune n'ont eu aucune part à son élévation. M. Baroche est un enfant du Tiers-État ; il est fils de ses œuvres.

Mais, si M. Baroche n'a pas été secondé, dans sa laborieuse carrière, par un ensemble de circonstances qui souvent est l'unique secret de tant d'autres élévations, il n'eut pas non plus à soutenir contre la pauvreté cette lutte cruelle qui brise les complexions trop fragiles et laisse chez les plus mâles génies, chez un Mirabeau, par exemple, un indélébile reflet des amertumes et des tourments de ces temps d'épreuve.

Le destin fut clément pour M. Baroche. Ses parents avaient conquis dans le commerce une honnête aisance. La nature, d'accord avec la destinée, ayant doué ce jeune homme d'heureuses dispositions et d'un physique agréable, il put entrer dans la vie par une porte assez commode, mais pas trop large pourtant pour qu'il n'eût à prendre nul souci.

Né le 18 novembre 1802, il perdit ses parents à l'âge de onze ans. Ce malheur, qui affligea son enfance, ne le détourna pas de ses études. Il ne lui fit peut-être que mieux sentir la nécessité de ne compter que sur lui-même, et de se mettre en mesure de se passer de protecteurs.

D'un tempérament calme, d'un esprit plein de sagacité, d'une imagination suffisante pour jeter de l'éclat sur ses facultés sans jamais les dominer, M. Baroche fut un excellent élève au lycée Charlemagne, où le mit son tuteur. Il y fit de solides études et obtint des succès qui furent en quelque sorte le présage de ceux qu'il devait obtenir longtemps après, sur une plus vaste scène.

Il fut reçu avocat à l'âge de vingt et

un ans, le 1er avril 1823. Le moment n'était pas mauvais pour les jeunes gens de sa profession. L'opposition libérale et le futur avénement du régime parlementaire promettaient aux jeunes avocats une ère de publicité. A ces causes générales, qui ont tant d'influence sur les destinées individuelles, il en faut joindre une autre d'une importance non moins décisive : la Révolution de 1830, préparée par les habiles acteurs de la *Comédie de quinze ans*, dont bon nombre appartenaient au barreau, mit au pouvoir, et dans les diverses fonctions, la fleur des avocats du temps. Le terrain se trouva ainsi déblayé pour les jeunes gens, à qui les gros bonnets de la profession avaient jusque-là intercepté les rayons du soleil.

M. Baroche ne se pressa pas, ce qui est, dit-on, un bon moyen pour arriver. Il s'occupa surtout de se rendre fort. Et c'est là, pour quiconque a observé le train des affaires humaines, la véritable méthode. Il faut au moins deux révolutions pour faire un homme d'État. Se presser n'avance donc à rien. Le plus sûr est de se mettre en règle avec la fortune. Quant à la transformation qui fait d'un gueux un grand seigneur et d'un homme obscur et sans autorité un personnage célèbre et puissant, c'est l'affaire d'un tour de roue du char léger de la déesse.

La société, comme les théâtres du boulevard, procède par changements à vue.

Mais, bien entendu, si vous n'avez ni science, ni talent, ni caractère, il y a cent à parier, quelle que puisse être l'étoile des imbéciles, que, dans l'ordre nouveau, vous n'arriverez pas au premier rang.

L'un des premiers procès qui jeta de

l'éclat sur le nom de M. Baroche fut celui des messageries françaises contre les messageries royales et les messageries générales. Cette grosse affaire industrielle passa de Coür en Cour jusqu'à celle de Lyon. MM. Chaix-d'Est-Ange, Philippe Dupin et Delangle plaidèrent pour les messageries royales. Les messageries françaises perdirent leur procès devant la Cour de Lyon; mais M. Baroche gagna le sien devant le public, qui juge les talents et les classe.

Devenu célèbre, M. Baroche fut élu deux fois bâtonnier de l'ordre des avocats.

La carrière politique n'avait pas encore commencé pour lui, mais ses opinions et ses relations étaient formées. Il s'était même plusieurs fois présenté à la députation dans le département de Seine-et-Oise, comme candidat de l'opposition libérale. Il avait échoué en 1840, 1842 et 1846. A chaque essai nouveau, son antagoniste, M. le contre-amiral Hernoux, l'emportait sur lui. M. Hernoux avait voté l'indemnité Pritchard. On disait de lui qu'il dépensait gaiement sur terre le traitement attaché à des fonctions qu'il n'avait pas la peine de remplir sur mer. Ce marin avait proposé la réduction de nos forces maritimes, ce que M. Baroche, avocat, n'eût jamais voté.

Il n'y avait pas, après trois tentatives inutiles, lieu d'espérer que le collége électoral de Mantes, qui votait invariablement pour M. Hernoux, se départirait de son inféodation à cet excellent conservateur. M. Baroche, appuyé par son confrère, M. Bethmont, reçut, du comité électoral de Rochefort, l'offre d'une candidature, qu'il accepta. M. Dumas, aide de camp de Louis-Philippe, venait d'être nommé général. Soumis à une réélection, il ne voulut pas entrer en lutte dans la réunion préparatoire contre un candidat profondément exercé dans l'art de la parole.

Il s'abstint, et M. Baroche fut élu député de la Charente-Inférieure, le 27 novembre 1847.

C'était merveilleusement arriver en situation. Les idées qui portaient M. Baroche à la Chambre arrivaient comme une marée montante et battaient déjà les marches du trône.

La lutte entre le roi Louis-Philippe et l'opposition était depuis longtemps engagée. M. Baroche en suivit attentivement les dernières péripéties, mais se garda bien d'y prendre part. L'esprit de conduite joue un rôle considérable dans la carrière de M. Baroche. Le désir de briller ne l'emporte jamais chez lui sur les calculs de la raison.

Il se borna donc au travail des commissions et des bureaux. La tribune était alors envahie par des hommes d'une célébrité oratoire établie. Lutter si tardivement avec eux, c'était perdre son temps et se résigner à jouer un second ou un troisième rôle. La multitude avait ses idoles; elle n'en voulait point d'autres alors. Il fallait, avant de briser ses dieux, qu'elle leur eût vu commettre autant de sottises qu'en pourraient faire les derniers des mortels. Or, comme on n'en fait bien qu'au pouvoir, il fallait attendre que la révolution les y eût portés.

Elle les y conduisit en droite ligne, comme la pierre au gouffre, M. Odilon Barrot en tête. Et la projection fut même si rapide que la première phalange passa le but. L'extrême gauche ne suffisait plus à la force acquise de la révolution. Il fallait la République. Les derniers devinrent ainsi les premiers. Il y eut un moment de subversion absurde et salutaire. Le sens commun s'évapora, et la France eut du délire, sans héroïsme et sans génie. Elle fit une caricature de 1793, moins la guillotine, dont il ne fut heureusement question qu'en paroles. Mais comme la férocité humaine ne perd jamais ses droits, on se fusilla abominablement quatre mois après, et cette grande effervescence, sans objet précis et sans réelle bonne foi, se noya dans un fleuve de sang.

Dupes de leur imagination et de leur convoitise, incapables d'apporter dans cette partie leur tête pour enjeu ; si peu dévoués aux principes, qu'ils les laissèrent lâchement périr en Italie, en Hongrie et partout; pleins de paroles, de songes et de vanités, jaloux de tous les talents, faux dévots politiques, toujours prêts à mettre leur prétendue fidélité aux principes au-dessus du mérite de quiconque n'était pas embrigadé dans leurs rangs depuis quinze ou vingt ans, ou ne se faisait pas le séïde de leurs chefs ; distribuant leurs plus hautes fonctions à des hommes sans distinction, sans esprit, sans connaissances ; sans audace réelle parce qu'ils ne croyaient pas à la réalisation possible de leurs promesses de la veille ; sans héroïsme, parce qu'ils auraient tremblé de couper le câble qui retenait à l'ancien monde leur révolution chimérique, incapable de vivre d'elle-même et ayant trop peu à faire, d'ailleurs, pour qu'elle eût besoin de s'isoler, les républicains de 1848, qui abusèrent la jeunesse et la rendirent un moment imbécile, allaient donner au monde le spectacle de la plus pitoyable comédie qui se soit jouée en France depuis soixante ans.

Aussi, les acteurs furent-ils vite usés.

M. Baroche avait, avec cinquante-deux de ses collègues, signé, le 23 février 1848, l'acte d'accusation rédigé par M. Odilon Barrot. Cette bonne diatribe parlementaire accusait le ministère de trahison à l'intérieur, de violation des droits des citoyens, de corruption systématique, de perversion, de trafic d'emplois, de ruine des finances, de perturbation, compromission et contre-révolution. Et tout cela était vrai.

Il y avait de quoi pendre dix cabinets; il est vrai qu'on n'avait envie de pendre personne. Les signataires le savaient bien. Cela suffit à leur conscience. Ils peuvent donc en paix songer à leur confession dernière.

Mais prétendre, comme le fait le bon docteur Véron, auteur d'une biographie de M. Baroche, que traîner les ministres sur une pareille claie, c'était peut-être sauver la monarchie, voilà qui dépasse en subversion et en naïveté combinées ce que le génie de Molière et de Beaumarchais pourrait, si ces princes de l'esprit vivaient encore, imaginer de plus propre à chasser la mélancolie du siècle.

Que M. Baroche ait aujourd'hui quelque regret d'avoir signé cet acte d'accusation, cela est possible, improbable au fond. Ce n'est pas nous qui lui prêterons des sentiments rétrospectifs au sujet de la Révolution de février. S'il les a, c'est une faiblesse; s'il les feignait, ce serait l'hypocrisie de la conservation quand même. Pourquoi regretterait-il d'avoir, dans une mesure inappréciable, d'ailleurs, contribué à renverser un ordre de choses antipathique à la nation et que nous n'avons pas à regretter

Le docteur insiste, fait observer que l'enquête ordonnée par M. Portalis, sur l'injonction de M. Crémieux, ne fournit aucun fait. Vieil adorateur de MM. Duchâtel et Guizot, il voudrait nouer le passé avec le présent et attacher un pan de l'habit de M. Baroche à ce nœud compromettant. Le docteur prend bien de la peine pour si peu. L'opinion l'aime tel qu'il est et ne lui demandera jamais de comptes. Quoi qu'il fasse, le docteur plaît; quoi qu'il puisse dire, il charme.

On sait que M. Odilon Barrot espéra qu'un changement de ministère apaiserait le peuple, et, croyant retrouver sa popularité de 1830, il se promena sur les boulevards. M. Baroche l'accompagna comme il l'avait accompagné aux Tuileries.

Cette démarche n'était plus d'aucune utilité. Les ministères, à peine combinés, tombaient comme des châteaux de cartes. La déchéance elle-même ne suffisait plus à apaiser une multitude que trois jours de barricades venaient d'enivrer. L'odeur de la poudre montait au cerveau du bon peuple de Paris. S'il eût pu s'imaginer quelque forme de gouvernement un peu plus démocratique que la République, il l'eût à l'instant proclamée. La monarchie de Juillet tomba comme un fruit mûr. On n'eut pas besoin de secouer bien fort l'arbre de cette dynastie naissante. Les troupes, de leur côté, ne firent pas grand effort pour réprimer l'insurrection. Les Français avaient besoin de sortir de l'ornière où ils marchaient depuis dix-huit ans. Ils avaient gardé rancune d'un certain nombre d'affaires déplorables, dans lesquelles l'honneur national du pays avait été entamé.

La révolution terminée, les élections ne tardèrent pas à commencer. Quoique le suffrage universel eût remplacé le suffrage restreint des deux cent vingt-deux mille censitaires du roi Louis-Philippe, M. Baroche trouva dans le département de la Charente-Inférieure les mêmes sympathies que celles qu'il y avait précédemment rencontrées. Au lieu d'être nommé par une poignée d'électeurs, il eut seulement l'avantage de se voir porté à la députation par quatre-vingt-onze mille suffrages. J'ignore si ces électeurs crurent envoyer à l'Assemblée constituante un député bien épris de la République. Si telle fut leur pensée, ils se trompèrent.

Au total, M. Baroche ne devait rien à la Révolution de février. Avocat, il l'était depuis bientôt trente ans, car sa notoriété était le fruit de ses travaux de cabinet et de ses plaidoyers. Il n'avait pas emprunté aux conspirations, ni aux réclames de parti, la position qu'il occupait dans l'opinion publique. Les électeurs de Louis-Philippe l'avaient nommé député. Les électeurs du suffrage universel le nommaient représentant du peuple.

Il ne faut pas s'y tromper, d'ailleurs, M. Baroche, fils de cette bourgeoisie française, qui va souvent plus loin qu'elle ne veut dans le mouvement des idées, était, par sa position dans le monde, au moins aussi conservateur que progressiste. En combattant le parti radical, il ne faisait donc qu'obéir à la nature même de ses idées et de son éducation et à cette condition qui devient une seconde nature.

Il a donc pu et dû être de bonne foi dans la conduite qu'il allait tenir vis-à-vis du gouvernement provisoire de la République. L'ambition n'a pas été l'unique mobile de sa manière d'agir. Le tort des radicaux a été d'attendre d'une foule de personnages mis en avant par le mouvement de 1848, autre chose que ce qu'ils devaient en attendre en se rendant mieux compte de la position, du caractère et des antécédents d'individualités dont ils espéraient, à tort, faire les instruments de leur politique.

Les actes parlementaires de M. Baroche, tels qu'ils existent et tels que nous allons les analyser, ne furent point des actes de trahison envers le parti avancé. Ils furent une conséquence de ses idées et de ses aspirations, et un esprit impartial n'hésitera pas à les trouver marqués au coin de la plus rigoureuse logique.

N'oublions pas, d'ailleurs, que M. Baroche,, dans sa courte carrière parlementaire sous le règne de Louis-Philippe, s'était placé dans les rangs de l'extrême gauche. Et si la confusion des temps nous fait rencontrer dans les rangs de cette fraction de la Chambre des députés des hommes de l'opinion démocratique la plus avancée, tels que M. Ledru-Rollin, par exemple, ces hommes étaient en imperceptible minorité. Le véritable chef de l'extrême gauche était M. Odilon Barrot. Or, nul n'ignore que pour M. Odilon Barrot et ses amis, la Révolution de février fut une amère mystification qui dut les froisser jusqu'au fond de l'âme et les rendre à jamais irréconciliables avec ceux qui la leur avaient infligée.

Dès le début de la Constituante, comme à l'époque de son court passage à la Chambre des députés, M. Baroche garda une attitude expectante. Son immixtion directe dans le mouvement des affaires publiques commence au 8 mai 1848. Le premier moment d'exaltation était passé : l'heure d'agir arrivait. Le gouvernement provisoire venait de remettre ses pouvoirs entre les mains de l'Assemblée nationale. En attendant que la Constitution eût défini la forme et les attributions du gouvernement nouveau, il s'agissait de constituer un pouvoir exécutif intérimaire.

Le débat sur cette grave question, qui pouvait exercer une si grande influence sur l'avenir de la seconde République française, s'ouvrit, comme nous l'avons dit, le 8 mai. M. Dornès, représentant du peuple de la nuance du *National*, proposa une commission exécutive de cinq membres, chargée de nommer des ministres. La première pensée de M. Baroche fut d'écarter de cette commission les membres du gouvernement provisoire qui s'étaient montrés réellement inférieurs à la situation, et qui avaient fait aux chefs de l'extrême gauche de la Chambre des députés, une situation voisine du ridicule.

La contexture des événements nouait donc, de la manière la plus étroite, les sentiments individuels aux opinions, et la conduite de M. Baroche et de ceux qui partageaient ses idées allait être doublement fondée. Les passions politiques ne permirent pas alors de l'apprécier ainsi. Elle est aujourd'hui pleine de clarté devant l'histoire.

« Citoyens, dit M. Baroche, je de-
« mande, comme les orateurs qui m'ont
« précédé, le renvoi dans les bureaux
« pour la nomination d'une commission. »
C'était, en réalité, demander un examen des diverses propositions qui venaient d'être faites. Or, l'une d'elles consistait à se passer de commission et à nommer simplement des ministres qui eussent formé un comité exécutif sous la présidence du président du conseil.

Cette idée pouvait séduire l'orgueil de l'Assemblée. Mais son apparent radicalisme n'échappa point aux intéressés. Elle fut rejetée le 9, et celle de M. Dornès fut adoptée.

Six jours après, l'Assemblée nationale était envahie. Nous avons raconté ailleurs cette journée qui appartient à l'histoire de la seconde République française. Nous devons seulement rappeler ici que M. Caussidière, alors préfet de police, n'essaya pas de prendre une mesure quelconque pour mettre obstacle à cette manifestation, dont le but était de renverser une Assemblée déjà jugée, et de nommer une dictature insurrectionnelle. Les gendarmes à ceinture rouge de Caussidière et de Sobrier avaient même pris part à l'émeute.

La commission exécutive fut assez embarrassée. Elle promit, par l'organe de M. Garnier-Pagès, la punition des coupables et demanda que la Chambre lui continuât sa confiance. Il n'y avait pas de quoi. Les interpellations furent vives. M. de Lamartine fit face à l'ennemi ; sa popularité était déjà presque usée, il en dépensait le reste. Il annonça la prochaine arrivée de M. Caussidière, qui entra bientôt en boitant.

M. Baroche, ami de l'ordre, devait détester cordialement un préfet de police qui voulait faire de l'ordre avec le désordre, et qui commandait à des hommes à ceinture rouge et à grand sabre, qui ressemblaient à des sacripants de mélodrame. Il demanda nettement la destitution du préfet de police et le licenciement de sa garde républicaine. La classe moyenne, à qui cette soldatesque au poil hérissé donnait le cauchemar, dut vouer en son cœur une vive reconnaissance à M. Baroche.

Je note avec intention ces points successifs de la carrière de M. Baroche. Ils expliquent comment en s'abandonnant franchement à ses instincts, en suivant avec sincérité la ligne de ses idées, il dut graduellement s'élever dans l'estime de ceux dont il exprimait les sentiments, et rendre aux hommes d'ordre des services qu'on n'oublie pas.

Il conquit, peu de temps après, l'estime des gens en place, en combattant un amendement de M. Flandin qui voulait que, dans la huitaine, les représentants du peuple pourvus de fonctions publiques fussent tenus d'opter entre ces fonctions et le poste de représentant (14 juin 1848). Son argumentation, fort ingénieuse, fut empruntée à l'arsenal des principes démocratiques les plus purs. M. Baroche combattit l'amendement en s'abritant derrière la souveraineté du peuple.

L'amendement draconien de M. Flandin resta sur le carreau.

Le 1er juillet de la même année, à propos de la discussion de la loi relative aux élections des conseils municipaux, d'arrondissement et de département, on se demanda comment seraient nommés les maires et les adjoints.

Les uns proposaient le suffrage direct.

Les autres voulaient que le conseil municipal nommât lui-même son maire et ses adjoints.

Ce principe prévalut.

M. Baroche, qui ne voulait ni de l'un ni de l'autre système, essaya de se raccrocher à la branche d'un amendement. Il demanda que dans les communes de plus de trois mille âmes, le pouvoir exécutif restât en possession de nommer les maires et les adjoints.

L'amendement causa un remords de pouvoir à M. Sénard, alors ministre de l'intérieur. Il triompha.

Il tint une ligne de conduite analogue dans la discussion de l'art. 69 du projet de Constitution. Le projet portait que les membres du Conseil d'État seraient nommés pour six ans par l'Assemblée nationale. M. Baroche se rangea encore une fois du côté du pouvoir exécutif, se fondant sur ce que, le Conseil d'État restant l'auxiliaire et le collaborateur du pouvoir exécutif, il était naturel qu'il fût nommé par ce pouvoir.

M. Baroche fut battu, mais le fait lui donna raison. Le Conseil d'État nommé par l'Assemblée, fut naturellement hostile au pouvoir exécutif. Il n'y eut pas moyen de gouverner. Il fallut au 2 décembre réformer ce système.

On avait laissé (art. 82 de la Constitution) la nomination des conseillers à la Cour des comptes au Président de la République. Cette libéralité de l'Assemblée ne tirait pas beaucoup à conséquence ; cependant on essaya d'en ressaisir une épave par une disposition additionnelle qui attribuait au Conseil d'État les nominations et propositions d'avancement. Or, le Conseil d'État était encore alors la créature de l'Assemblée.

M. Baroche se rangea, comme précédemment, du côté du pouvoir exécutif, et fit repousser la disposition additionnelle.

Il se fit encore de bons amis dans la haute magistrature, en défendant, contre les ladreries de l'Assemblée, ce qu'on nommait alors les gros traitements, et qui le plus souvent ne dépassaient pas douze ou quinze mille francs; de telle sorte qu'un magistrat de la Cour de cassation eût été obligé de vivre avec une somme que le dernier des boutiquiers de la rue Vivienne regarderait comme une condition d'existence déplorable. Il défendit aussi le traitement des conseillers d'État qui, pour gouverner le monde, devaient, selon la commission du budget, s'estimer heureux de toucher douze mille livres et abandonner 20 0/0 dudit traitement, en vertu d'un décret philanthropique du gouvernement provisoire.

M. Baroche sauva les 20 0/0 et essaya, mais en vain, de faire allouer 24,000 fr. aux préfets de Lille, Toulouse et Rouen. Il plaida non moins énergiquement pour les traitements des magistrats de Cour d'appel (7 novembre 1848).

Le mois suivant, M. Baroche trouva une occasion de montrer qu'il n'était pas un de ces roués qui font bon marché de la morale, en politique. M. Sénard, étant ministre de l'intérieur, avait proposé un projet de loi pour attribuer des récompenses nationales en faveur des condamnés politiques. M. Baroche présidait la commission instituée à cet effet. Quelle ne fut pas sa surprise en trouvant, parmi les privilégiés sur lesquels allait tomber cette rosée bienfaisante, des gens dont les crimes et délits politiques se trouvaient accidentés de condamnations pour vols, assassinats, attentats aux mœurs, etc., etc. La veuve Pépin et la sœur de Lecomte figuraient aussi parmi les candidats aux faveurs du budget.

Indigné, M. Baroche rendit M. Dufaure, alors ministre de l'intérieur, témoin du fait. M. Dufaure retira le projet. Le lendemain, M. Sénard voulut s'expliquer. On approchait du 10 décembre. Les passions politiques étaient fort allumées. Le général Cavaignac protesta qu'il ignorait ces états. M. Baroche ne demandait pas mieux que de le croire. On vota l'ordre du jour pur et simple.

Le ministère, encore étourdi du choc, perdit la tête et fit retarder le départ des malle-postes, afin que l'élection du général Cavaignac ne souffrît point de ce débat et que sa protestation fût connue. Cet abus de pouvoir ne fut pas favorable à la candidature du général.

Pour ne pas m'écarter du filon que je

me propose de suivre et qui, selon moi, explique de la manière la plus simple la carrière et l'élévation du personnage dont j'essaye d'esquisser la silhouette historique, je passerai sous silence la part qu'il prit à la discussion de la loi sur les coalitions (3 janvier 1849), aux débats du 12 février 1849, à propos de la loi sur l'organisation judiciaire, à ceux du 9 avril de la même année, sur les dispenses à accorder aux magistrats, en matière d'incompatibilité, et j'arrive à une question de premier ordre, celle de la presse.

Le 6 novembre 1848, un projet de loi relatif à la poursuite des délits commis par la voie de la presse, fut présenté par M. Marie, ministre de la justice. Ce projet de loi reproduisait quelques-unes des dispositions de la loi de 1835, qui avait pour objet de rendre la répression plus efficace, en abrogeant les délais et en rapprochant le jugement du délit. M. Baroche fut nommé rapporteur de ce projet ; au nom de la commission, il eut le bon goût de supprimer le mot *crime*. Le décret du 11 août ne prévoyant et ne punissant, en matière de presse, que des délits correctionnels, le crime tombait de soi. Le crime n'est point *correctionnable*. On accordait trois jours à la défense ; c'était peu. Mais on avait alors besoin d'aller vite. Le projet de loi était d'ailleurs transitoire ; au 31 avril 1849 il retombait dans les limbes.

Le 27 avril 1849 on ouvrit une discussion sur un projet de loi relatif au cautionnement des journaux. M. Baze demandait que tous les écrits vendus et distribués fussent déposés au parquet vingt-quatre heures à l'avance. Ce n'était pas trop pour lire un ouvrage déposé. Avec moins de vingt-quatre heures, le dépôt eût été illusoire. C'est ce que démontra M. Baroche, qui, conséquent avec sa conduite antérieure, continuait d'armer le pouvoir.

Dans la séance du 25 juillet, consacrée à la discussion du même projet de loi, à propos de l'offense et de l'attaque contre le Président de la République, M. Baroche défendit le projet de loi. M. Bac voulait que le Président de la République ne fût pas plus protégé que le président du conseil. Selon lui, et il défendit son opinion avec beaucoup de talent, c'eût été le meilleur moyen de conserver au Président de la République sa dignité et son autorité: « J'ai le mal-« heur, répliqua M. Baroche, d'être « absolument d'une opinion contraire, et « je suis convaincu que, si éminent que « soit le personnage que le suffrage uni-« versel aurait appelé aux hautes fonc-« tions de Président de la République, « que quels que fussent les services

« qu'il aurait pu rendre antérieurement « à son pays, il n'aurait pas, morale- « ment parlant, six mois à vivre, et au « bout de six mois, le Président que « vous avez voulu qu'on nommât pour « quatre ans, serait déconsidéré de la « manière la plus absolue et dans l'im- « possibilité de conserver dans ses mains « le pouvoir que la Constitution lui a « donné. »

M. Baroche comprenait son pays. Il savait qu'ici le respect du pouvoir n'est pas porté trop loin, et il cherchait à le fortifier au lieu de l'affaiblir.

Le 26 juillet, la discussion continua. M. Baroche reparut à la tribune et fit rejeter un amendement de M. Pascal Duprat. Le lendemain, il fut non moins heureux contre M. Valette. Le parti libéral se défendit pied à pied, mais chaque bataille devenait pour lui une défaite. En même temps, le pouvoir se constituait. Chaque jour apportait une molécule nouvelle qui s'agrégeait aux précédentes. Or, parmi tous les personnages du temps qui entreprirent sans arrière-pensée, sans esprit de retour et de concession, la reconstitution du pouvoir exécutif, M. Baroche prenait insensiblement place au premier rang. Malgré la coalition des partis les plus opposés, la majorité suivait l'étoile de Napoléon.

Cette majorité avait déjà distingué M. Baroche, apprécié ses travaux. Elle lui donna une haute marque de sa considération en le nommant, dans la séance du 30 mai 1849, premier vice-président de la Chambre. Il fut élu par quatre cent cinq voix.

La lutte devenait de jour en jour plus ardente entre le parti républicain et les hommes qui cherchaient à constituer un pouvoir fort. La guerre civile de juin 1848, la journée du 13 juin 1849 avaient amené des répressions violentes. Les âmes faibles fléchissaient devant cette tension excessive de la politique. On sentait avec un vague effroi approcher peu à peu cette date de 1852, sur laquelle toutes les passions, toutes les haines, accumulaient leurs espérances. Les débats de la Chambre n'étaient plus un jeu parlementaire ; on y jouait un peu sa carrière et sa vie.

Or, il faut le dire, les hommes qui réellement furent à la hauteur des circonstances et montrèrent l'audace et la bravoure dont le parti républicain, plein des traditions de 1793, semblait devoir monopoliser l'apanage, furent, au contraire, les hommes du parti qu'on nommait alors réactionnaire. Ils marchèrent en avant avec l'énergie d'un régiment qui enlève une redoute à la baïonnette. Eux seuls firent vraiment en eux-mêmes le serment de vaincre ou de périr. Ils savaient bien ce qui les attendait s'ils échouaient, mais cette certitude ne les intimida pas. Eux seuls jouèrent réellement leur tête ; et peut-être fut-ce là le grand secret de leur triomphe, car il est certain que leurs adversaires ne tinrent jamais sérieusement l'enjeu.

Au premier rang de ces hommes énergiques qui, chaque jour, reparaissaient sur le terrain de la lutte, on doit placer M. Baroche. Dans les questions délicates relatives aux condamnés politiques (8 décembre 1849), à la transportation, en Algérie, des insurgés de juin (23 et 24 janvier 1850), il défendit, contre MM. Péan, Denayrousse et Jules Favre, le projet du gouvernement.

Ce n'est pas seulement sur le terrain de la Chambre que M. Baroche se fit le champion du pouvoir exécutif. Travailleur infatigable, il trouva moyen de multiplier ses services.

Le 9 décembre 1848, la Chambre l'avait nommé membre du Conseil d'État provisoire. Peu de temps après, M. Barrot, étant ministre, le proposa pour les fonctions militantes de procureur-général de la Cour de Paris. Il y déploya une énergie dans la répression des délits de presse, dont on n'a pas d'exemple de mémoire d'homme. Les lois étaient larges. Il fallait lutter avec une irrésistible vigueur pour rester maître du terrain. M. Baroche fut constamment à la hauteur de sa tâche, et il fit pleuvoir, sur les feuilles radicales, une telle grêle de condamnations, que le métier devint impossible. On y mourait de faim. Le fisc avalait tout : souscriptions, recettes d'abonnement, vente sur la voie publique, annonces. Les républicains imbéciles, qui avaient voulu fonder la République avec la liberté illimitée reçurent une bonne leçon de gouvernement.

M. Baroche, réélu député à l'Assemblée législative et nommé vice-président de cette Assemblée, avait repris ses fonctions parlementaires, lorsque la Haute-Cour de justice, réunie à Bourges pour juger les accusés du 15 mai, ouvrit ses débats. M. Baroche, par un décret du 28 janvier 1849, fut nommé procureur-général près cette Haute-Cour.

Il s'agissait de juger MM. Barbès, Blanqui, Sobrier, de Flotte, etc. L'avenir était encore chargé de brumes qui ne permettaient de rien déchiffrer dans les décrets de la Providence. Peu de personnes envièrent alors le poste de M. Baroche. Les principaux accusés furent condamnés.

Il est certain que si l'affaire du 13 juin 1849 avait tourné à l'avantage de l'insurrection, M. Baroche eût peut-être payé de sa tête son dévouement au principe d'autorité, et l'énergie avec laquelle il ne cessait de la défendre.

Après l'affaire du 13 juin 1849, M. Baroche proposa, à l'Assemblée législative, la mise en accusation de MM. Ledru-Rollin, Considérant, Boichot, Rattier, etc. Mais, cette fois, la force lui manqua. Épuisé de fatigue, il ne put porter lui-même la parole devant la Haute-Cour de Versailles, près de laquelle un décret, en date du 29 août 1849, l'avait nommé procureur-général. Il fut remplacé par MM. de Royer et Suin, avocats-généraux.

Peu de mois après, le 15 mars 1850, une surprise, qui n'en fut une pour personne, excepté peut-être pour M. Baroche lui-même, l'attendait à l'ouverture de la séance de la Chambre.

M. Baroche se rendait au bureau dont il faisait partie et devait présider l'Assemblée, lorsqu'on vint le prévenir que le ministre de la marine, M. Romain-Desfossés, lui demandait un moment d'entretien.

Il sortit. L'amiral lui dit chemin faisant:

— « Le Président de la République désire vous parler. Je viens vous chercher de sa part... Je crois qu'il est question de vous proposer un ministère. »

M. Baroche était certainement mûr pour le pouvoir. Mais, dans le tourbillon d'affaires où il était lancé, on s'oublie soi-même et le but général fait oublier l'intérêt personnel.

Lorsqu'il arriva au palais de l'Élysée, le conseil des ministres était réuni. M. Romain-Desfossés laissa M. Baroche dans le salon et entra au conseil.

Le Président de la République sortit un moment après, accompagné de M. Ferdinand Barrot, alors ministre de l'intérieur. M. Rouher, ministre de la justice, arriva aussitôt. Le Prince félicita M. Baroche sur l'énergie dont il avait fait preuve dans le poste de procureur-général, sur son tact dans la vice-présidence de l'Assemblée, lui dit que M. Barrot étant décidé à quitter le ministère de l'intérieur, il avait pensé à lui pour le remplacer.

Un mouvement d'effroi, que doit certainement éprouver tout citoyen honnête et consciencieux à l'approche de la grave responsabilité qui pèse sur l'homme public appelé aux fonctions de ministre, saisit M. Baroche. Le ministère de l'intérieur l'effrayait surtout, parce qu'il l'éloignait des habitudes de sa profession de magistrat. Le procureur-général près la Cour de Paris eût compris qu'on l'appelât aux fonctions de ministre de la justice. Là, selon lui, il se fût mieux trouvé sur son terrain. M. Baroche s'imaginait avoir vécu étranger à l'administration et à la politique, quoique son rôle, à notre avis, eût été essentiellement administratif et politique. Dans sa bonne foi, il allégua son inexpérience, son incapacité.

Le Prince-Président insista.

M. Baroche ne refusait pas d'être ministre, mais il demanda pourquoi M. Rouher, depuis quelques mois habitué aux affaires, ne prenait pas le ministère de l'intérieur.

— « Sauf à moi, ajouta-t-il, si on l'exige, à le remplacer à la justice, poste dans lequel j'apporterai un peu moins d'inexpérience. »

— « Je ne connais pas mieux que vous l'administration, répliqua M. Rouher. Le ministère de l'intérieur est d'ailleurs, au point de vue politique, le plus important de tous; vous aurez à y défendre la politique générale du gouvernement. Seul vous êtes capable de soutenir ce fardeau. »

M. Barrot insistait encore plus vivement que M. Rouher. Il paraissait fort impatient de quitter ses fonctions de ministre, et devait partir comme ambassadeur auprès de la cour de Turin.

M. Baroche se défendit de son mieux et demanda vingt-quatre heures pour réfléchir et se consulter. Le Prince-Président de la République fit appel au dévouement de M. Baroche. Il était essentiel que la nomination du nouveau ministre parût le lendemain au *Moniteur*. Il lui fallait donc un consentement immédiat.

Il est pénible, sans doute, de prendre, séance tenante, une décision de cette nature. M. Baroche dut pourtant se résoudre à céder. Une plus longue résistance eût été une preuve de faiblesse.

Le Prince-Président fit entrer M. Baroche dans la salle du conseil et le présenta à ses nouveaux collègues, qui l'accueillirent avec la plus affectueuse bienveillance. Et il y a tout lieu de croire que cette bienveillance fut sincère, car M. Baroche apportait au cabinet du 31 octobre une force dont ce cabinet manquait peut-être.

Obligé d'aller présider l'Assemblée nationale, M. Baroche ne put, ce jour-là, prendre part aux délibérations du conseil. Il pria ses collègues de l'excuser, et, à deux heures et demie, il était au fauteuil.

Sa famille ignorait encore sa nomination lorsqu'il rentra chez lui, en sortant de la séance, qui dura jusqu'à six heures. La surprise fut grande. Les grandeurs de la vie publique ne sont pas toujours regardées, au foyer domestique, de l'œil dont la multitude les envisage. Elles y apportent souvent plus d'inquiétude que de joie. A l'époque dont il s'agit ici, le pouvoir avait des périls assez imminents pour donner à penser à ceux qui en affrontaient résolûment les dangers. Les femmes surtout, timides et craintives, sont plus préoccupées du bonheur paisible que des triomphes éclatants. On est craintif pour ceux qu'on aime. Une mère dont le fils part pour le champ de bataille, une femme dont l'époux est élevé subitement au rang suprême, oublient la gloire et ne songent plus qu'à ses dangers. L'ambition est plus belle dans ses rêves que dans leur réalisation.

Mme Baroche fut à la fois émue et épouvantée en apprenant la nomination de son mari. Leur fils aîné, attaché depuis quelque temps au Consulat de Milan, était absent. Au pouvoir, comme dans le danger, on aime à se sentir entouré d'affections qui ne trompent point, à se serrer les uns contre les autres.

Le soir même, vendredi, 15 mars, le décret qui nommait M. Baroche ministre, fut signé. Ce décret parut le lendemain, 16, au *Moniteur*.

La majorité de l'Assemblée nationale vit avec plaisir cette nomination. Et quand M. Baroche entra dans la Chambre, il eut la satisfaction de voir que l'assentiment de ses anciens collègues au décret présidentiel était aussi sincère que chaleureux. Cette majorité, encore compacte alors, était fort aise de voir un de ses principaux chefs au ministère. Les amis d'un gouvernement fort, aiment les hommes énergiques et patients. M. Baroche réunissait ces deux qualités. Il reçut de nombreuses marques de sympathie.

Ces marques de sympathie lui vinrent de la part même d'anciens hommes d'État assez désintéressés alors pour oublier leurs propres griefs et se rattacher à tout ce qui pouvait fortifier ce qu'on nommait le *parti de l'ordre.*

M. Thiers, entre autres, écrivit à M. Baroche une petite lettre qui mérite d'autant plus d'être conservée, qu'elle contrastait singulièrement avec l'attitude qu'il jugea à propos de prendre au début de l'année suivante. La voici :

« 15 mars 1850.

« Mon cher collègue,

« J'apprends que vous devenez mi-
« nistre de l'intérieur, je me hâte de
« vous dire que cette nouvelle nous
« cause à tous le plus grand plaisir.
« Vous êtes un homme d'esprit et de
« cœur, que nous appuierons de toutes
« nos forces ; comptez sur moi en par-
« ticulier. Dans des temps comme ceux-
« ci, on doit son concours aux hommes
« qui savent se dévouer.

« Mille amitiés,

« A. THIERS. »

Autant en emporta le vent, et le vent ne tarda pas à souffler. M. Baroche dut résister à l'orage. De sa carrière, cette époque fut la plus complète peut-être. L'occasion de faire ses débuts de ministre ne se fit pas attendre. Elle eut lieu séance tenante, à propos d'une interpellation de M. de Lasteyrie sur un article du journal *l'Assemblée nationale.*

A propos de l'élection du 10 mars, qui fit triompher à Paris les candidatures socialistes de MM. Vidal, de Flotte et Carnot, le journal *l'Assemblée nationale* se permit de trouver mauvais que tels ou tels négociants eussent voté dans un sens contraire aux opinions que représentait cette feuille. Des noms furent cités. C'était divulguer le secret du scrutin. M. de Lasteyrie s'étonna que ce journal n'eût pas été poursuivi, et pria le ministre de la justice de déclarer ses intentions.

L'article en question était intitulé *les Rouges*, et M. Rouher répondit, qu'à son avis il contenait une violation de la loi électorale, mais que la loi électorale n'était accompagnée d'aucune sanction pénale relativement à ce genre d'infraction, et qu'il était impossible de caractériser le délit.

M. Baroche prit à son tour la parole, et au milieu des interruptions qui signalaient alors chaque séance de l'Assemblée, il démontra que le délit, n'étant pas caractérisé, ne pouvait être poursuivi par le ministère public, et qu'il appartenait aux individus attaqués de se défendre comme ils le jugeraient à propos.

Le début de M. Baroche fut heureux, car l'Assemblée passa à l'ordre du jour, et, en retournant à son banc, il reçut de nombreuses félicitations.

Cependant, la loi du 19 juin 1849, sur les clubs et réunions publiques, n'avait qu'un caractère provisoire. Le délai d'une année, pour lequel elle avait été faite, expirait. M. Baroche en demanda la prorogation. « Nous vous le demandons avec douleur, dit-il, mais avec « confiance. » Il insista sur l'urgence, et proposa à la Chambre de prendre cette demande en considération.

M. Crémieux combattit vivement cette proposition. La réponse de M. Baroche fut habile et conforme au règlement. Il déclara qu'il ne s'agissait que d'une prise en considération, et le vote de l'Assemblée adopta, en effet, la prise en considération de l'urgence.

M. Baroche prit encore la parole dans le cours de cette session.

Le 3 avril 1850, dans la discussion du budget du ministère de l'intérieur pour 1850, il s'opposa à une réduction de 35,000 fr. sur les fonds affectés au personnel de l'administration centrale.

Même jour, à propos de l'amendement de M. Jules Favre proposant 32,000 fr. de réduction sur les dépenses de sûreté générale;

Le 6 avril, dans la discussion sur les élections du Haut-Rhin;

Le 15, à propos de la subvention des Italiens et de l'Odéon;

Le 16, à propos des réunions électorales de Montmartre;

Le 23, à propos d'une réduction des fonds de secours alloués aux réfugiés;

Même jour, au sujet d'une réduction sur les traitements des inspecteurs des établissements de bienfaisance, et à propos d'interpellations de M. Jules Favre sur le régime des prisons.

La discussion du projet de loi sur la transportation vint ensuite.

On sait que le but de ce projet de loi était de combler une lacune qui existait dans le Code. Les condamnés à la transportation subissaient le plus souvent leur peine dans une prison de l'État. Selon M. Baroche, la peine édictée par la loi n'était pas subie. De fait, elle était commuée en simple détention. Le projet préparé sous le ministère de M. Odilon Barrot fixait le lieu de déportation à Noukahiva et ne devait pas avoir d'effet rétroactif. Tel ne fut pas l'avis de M. Baroche, qui demanda, au contraire, que la rétroactivité fût de droit et immédiatement applicable aux condamnés alors provisoirement détenus dans les prisons et forteresses.

M. Odilon Barrot fit une réplique amère, et M. Baroche eut pour adversaire l'homme dont il avait jusque-là partagé les opinions et défendu la politique.

M. Baroche sentit que la coalition se formait, que la majorité se divisait. Selon les usages parlementaires, il offrit sa démission qui ne fut point acceptée.

Le terrain allait chaque jour devenir plus difficile pour le Président et les ministres. A propos des interpellations de M. Chauffour sur les élections du Bas-Rhin, il fut reproché à M. Baroche de violer la loi. M. Mauguin ajouta que c'était une des habitudes de M. le ministre de violer les lois.

— « Je somme, s'écria M. Baroche, « l'honorable M. Mauguin de dire en « quoi le ministre de l'intérieur a violé « la loi..... Et j'ajoute, que je tiens « M. Mauguin pour un calomniateur, « s'il n'accepte pas ma sommation. Que « M. Mauguin monte à la tribune et « qu'il s'explique ! »

M. Mauguin éluda la sommation. Les attaques contre M. Baroche continuèrent avec une extrême violence. Elles se reproduisirent dans les séances du 23 et du 24 mai, et furent poussées fort loin par MM. de Lamartine et Jules Favre, dans la discussion de la loi du 31 mai sur les élections.

Le gouvernement, de son côté, ne laissait passer aucune circonstance qui lui permettait de rendre à ses adversaires les coups qu'ils lui portaient. Le 12 juin, M. Baroche fit rejeter le projet de loi qui accordait des pensions et indemnités aux victimes de février.

Mais, le 28 du même mois, à propos d'un projet de loi provisoire sur le régime municipal, l'opposition, qui grandissait dans les rangs de l'ancienne majorité, espéra que le Conseil d'État serait favorable aux libertés municipales et ne voudrait pas que la nomination des maires se présentât isolément. La proposition de M. Baroche, combattue par MM. de la Rochejaquelein et Vatimesnil, fut rejetée.

M. Baroche fut plus heureux à propos

du maintien de l'état de siége dans la 6e division militaire (séance du 6 juillet 1850) ; mais il fut encore battu le 12, lorsqu'il proposa de soumettre au timbre les brochures non-périodiques.

L'opposition, vaincue sur un point, se portait sur un autre. Parmi les moyens que les circonstances lui offrirent en 1850, on ne saurait passer sous silence les attaques des journaux du pouvoir. Leur zèle, quelquefois excessif, permettait à l'opposition de se faire de ces attaques, dont elle cherchait à rendre le gouvernement responsable, un instrument de guerre.

Les légitimistes surtout se détachaient de jour en jour du pouvoir exécutif qu'ils voyaient, non sans remords, prendre racine dans le pays. Sans que la droite et la gauche se fussent concertées, elles s'entendaient sur certains points.

Le 26 juillet 1850, M. Dupont (de Bussac) ayant dénoncé à l'Assemblée les articles du *Moniteur du soir*, M. Jules Favre accusa le ministre de trahison. La droite applaudit, M. Baroche essaya de démasquer la solidarité qui tendait à s'établir. La droite l'interrompit, et M. Baze dit des choses fort vives.

M. Baroche comprit qu'un coup monté existait entre les deux fractions de l'Assemblée.

« Il n'entre pas, quant à présent, « dit-il, dans la pensée du ministre de « l'intérieur de retirer au *Moniteur du* « *soir* l'autorisation d'être vendu... »

Un effroyable tumulte éclate à ces mots. Les deux extrémités de l'Assemblée se lèvent en fureur. M. Baze essaye de se faire entendre, et s'écrie que la question a changé de face ; qu'il faut se demander s'il existe encore un ministère ou s'il n'y a plus que des complices d'une odieuse et flagrante usurpation. « Il se « trame quelque chose contre l'Assem- « blée, contre le pays ! » s'écrie-t-il.

Il demande qu'on se retire dans les bureaux pour nommer une commission qui avisera sur les mesures à prendre.

Un pas de plus, la guerre était déclarée, et il ne restait plus, de part et d'autre, que l'appel à la force. M. Baroche parvint à écarter ce péril, au moins pour quelque temps.

On passa à l'ordre du jour. Le message du Président de la République, lu à l'Assemblée le 12 novembre, calma les esprits. Mais la coalition n'avait pas abandonné ses espérances, et dans le courant du mois de janvier 151 , elle rompit violemment avec le gouvernement.

Des interpellations blessantes pour le ministère furent faites le 10 janvier par M. de Rémusat, à propos de la modification ministérielle du 9 janvier 1851. Le 11, M. de Broglie demanda communication des procès-verbaux de la commission permanente de 1850. Le 15, le projet de résolution de la commission nommée par l'Assemblée pour examiner la proposition de M. de Rémusat fut discuté.

Enfin, dans la séance du 18 janvier, la lutte définitive entre la coalition et le ministère eut lieu, et dans cette circonstance, MM. de Rémusat, Berryer, Thiers et Cavaignac prirent la parole pour soutenir une proposition de M. Sainte-Beuve, ainsi conçue :

« L'Assemblée déclare qu'elle n'a pas « confiance dans le ministère et passe à « l'ordre du jour. »

M. Baroche livra un dernier combat, déploya beaucoup de raison, de bon sens, de talent ; mais le parti de la coalition était pris.

417 voix se prononcèrent pour l'adoption de la proposition Sainte-Beuve.

278 seulement soutinrent le ministère.

Ainsi que l'expliqua M. Jules Favre, c'était contre l'Empire que ce coup de main parlementaire était dirigé.

M. Baroche se retira, et la lutte entre la coalition et le pouvoir exécutif continua. Appelé, le 10 avril 1851, au ministère des affaires étrangères, M. Baroche y resta jusqu'au 26 octobre, époque à laquelle il dut en sortir, parce que le gouvernement proposait le retrait de la loi du 31 mai à laquelle il avait coopéré.

Le combat finit au 2 décembre, et M. Baroche fut nommé président du Conseil d'État ayant rang de ministre; peu d'hommes étaient assurément plus capables de remplir ces hautes fonctions qui demandent les qualités du légiste unies à celles de l'homme politique.

Plus clair que brillant, plus homme de sens qu'homme d'imagination, M. Baroche est aussi, selon nous, plus homme politique que grand orateur. C'est pourquoi nous avons tenu à le suivre si patiemment dans cette carrière parlementaire où il étonna ceux de ses amis qui le connaissaient depuis vingt ans.

Au barreau, M. Baroche fut sans doute un avocat éminent, un homme d'affaires hors ligne, mais il ne s'éleva point tout à fait au premier rang. Comme procureur-général, il fut un très-habile administrateur politique, mais il n'eut point, même à Bourges, sa grande journée, et il eut le tort de se trouver indisposé pendant les séances de la Haute-Cour de Versailles.

A la Chambre et au pouvoir, M. Baroche déploya, au contraire, des qualités tout à fait supérieures. Il fut un tacticien plein de ressource, d'audace et de bon sens, et domina la plupart de ses collègues. Homme aimable, d'une fibre un peu molle en apparence, M. Baroche déploya soudain une fermeté que rien ne put briser, et peu d'hommes ont plus contribué que lui au rétablissement du principe d'autorité, à la liquidation des vieux partis et à l'avénement du second Empire.

FIN.

Mon cher Maître

Je viens de recevoir ce que vous m'avez fait remettre de la part de M. Rosier pour honoraires dans son affaire C. Laret.

Votre dévoué

J Baroche

27 nov 1829.

www.ingramcontent.com/pod-product-compliance
Ingram Content Group UK Ltd.
Pitfield, Milton Keynes, MK11 3LW, UK
UKHW012255240726
13966UKWH00004B/1434

9 782013 403603